المدرسة - die Schule   2

سفر - die Reise   5

نقل - der Transport   8

مدينة - die Stadt   10

طبيعة ريفية - die Landschaft   14

مطعم - das Restaurant   17

سوبرماركت - der Supermarkt   20

مشروبات - die Getränke   22

طعام - das Essen   23

مزرعة - der Bauernhof   27

بيت - das Haus   31

غرفة جلوس - das Wohnzimmer   33

مطبخ - die Küche   35

الحمّام - das Badezimmer   38

غرفة الأطفال - das Kinderzimmer   42

ثياب - die Kleidung   44

مكتب - das Büro   49

اقتصاد - die Wirtschaft   51

المهَن - die Berufe   53

عدة عمل - die Werkzeuge   56

آلات موسيقية - die Musikinstrumente   57

حديقة حيوانات - der Zoo   59

رياضة - der Sport   62

نشاطات - die Aktivitäten   63

عائلة - die Familie   67

الجسم - der Körper   68

المستشفى - das Krankenhaus   72

حالة - der Notfall   76

أرض - die Erde   77

ساعة - die Uhr   79

أسبوع - die Woche   80

سنة - das Jahr   81

أشكال - die Formen   83

ألوان - die Farben   84

الأضداد - die Gegenteile   85

أرقام - die Zahlen   88

اللغات - die Sprachen   90

من / ماذا / كيف - wer / was / wie   91

أين - wo   92

Impressum
Verlag: BABADADA GmbH, Nedderfeld 112 , 22529 Hamburg
Geschäftsführer / Verlagsleitung: Harald Hof
Druck: Books on Demand GmbH, In de Tarpen 42, 22848 Norderstedt

Imprint
Publisher: BABADADA GmbH, Nedderfeld 112 , 22529 Hamburg, Germany
Managing Director / Publishing direction: Harald Hof
Print: Books on Demand GmbH, In de Tarpen 42, 22848 Norderstedt, Germany

المدرسة

die Schule

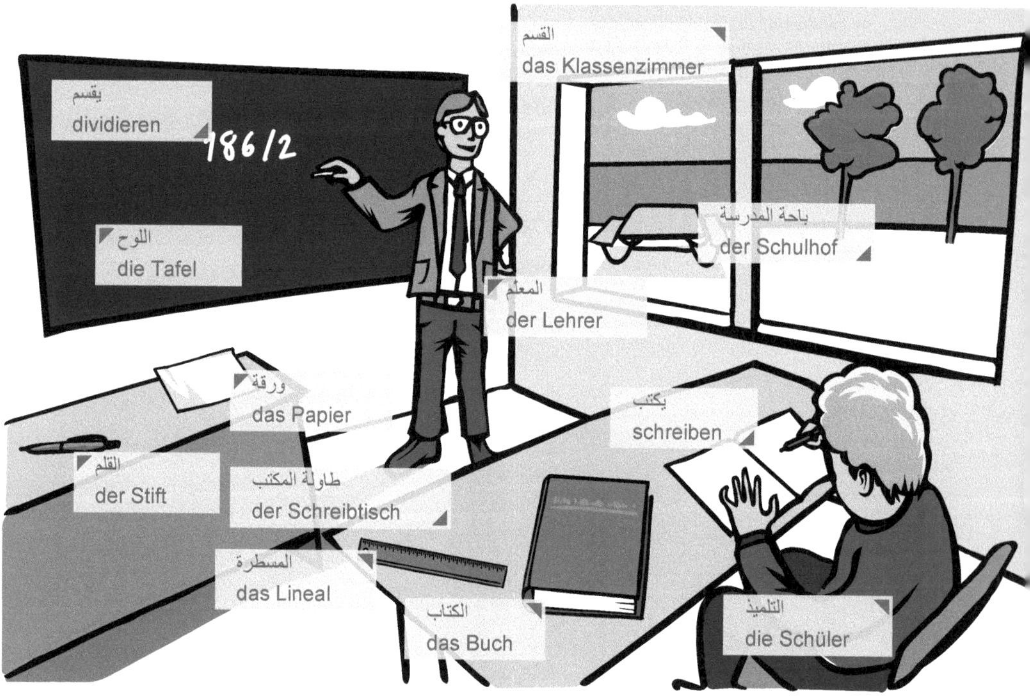
القسم
das Klassenzimmer
يقسم
dividieren
186/2
اللوح
die Tafel
باحة المدرسة
der Schulhof
المعلم
der Lehrer
ورقة
das Papier
يكتب
schreiben
القلم
der Stift
طاولة المكتب
der Schreibtisch
المسطرة
das Lineal
الكتاب
das Buch
التلميذ
die Schüler

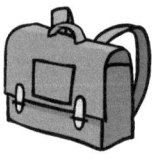

الحقيبة المدرسية
....
der Ranzen

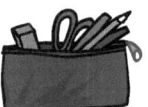

المقلمة
....
die Federmappe

قلم الرصاص
....
der Bleistift

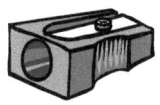

البرّاية
....
der Bleistiftanspitzer

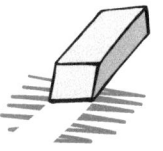

المِمحاة
....
das Radiergummi

دفتر الرسم
....
der Zeichenblock

الرسمة

die Zeichnung

الفرشاة

der Pinsel

علبة التلوين

der Malkasten

المقص

die Schere

المادة اللاصقة

der Klebstoff

دفتر التمارين

das Übungsheft

الواجب المدرسي

die Hausaufgabe

الرقم

die Zahl

يجمع

addieren

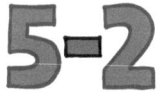

يطرح

subtrahieren

يضرب

multiplizieren

يحسب

rechnen

الحرف

der Buchstabe

الأبجدية

das Alphabet

كلمة

das Wort

النص

der Text

يقرأ

lesen

الطبشور

die Kreide

الحصة

die Stunde

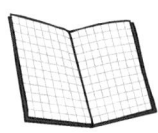

دفتر الدوام المدرسي

das Klassenbuch

الامتحان

die Prüfung

شهادة

das Zeugnis

اللباس المدرسي

die Schuluniform

التعليم

die Ausbildung

الموسوعة

das Lexikon

الجامعة

die Universität

المجهر

das Mikroskop

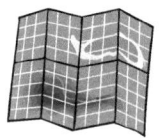

الخريطة

die Karte

قماما

der Papierkorb

سفر

die Reise

فندق
das Hotel
Grand
بيت الشباب
die Herberge
ROOMS
مكتب صرافة
die Wechselstube
€CHANGE
حقيبة
der Koffer
سيارة
das Auto

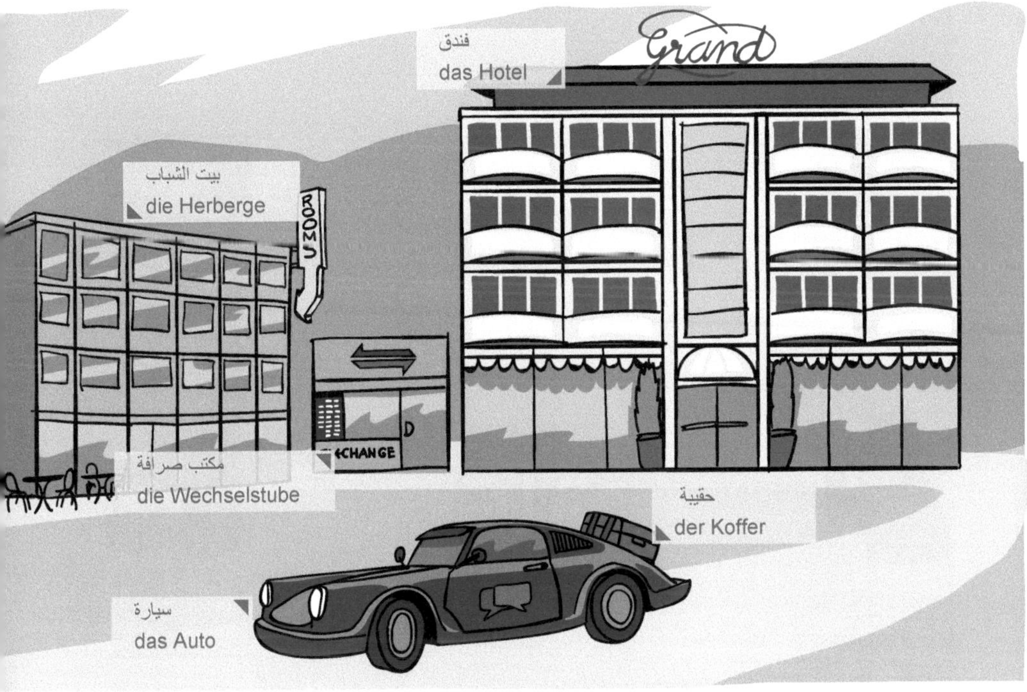

اللغة
....
die Sprache

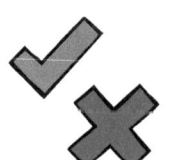

نعم / لا
....
ja / nein

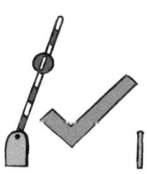

حسناً
....
Okay

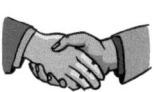

مرحباً
....
Hallo

مترجم
....
der Übersetzer

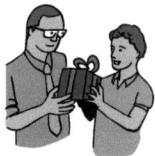

شكراً
....
Danke

كم ثمن ... ؟

Was kostet…?

لا أفهم

Ich verstehe nicht

مشكلة

das Problem

مساء الخير

Guten Abend!

صباح الخير!

Guten Morgen!

ليلة سعيدة

Gute Nacht!

إلى اللقاء

Auf Wiedersehen

اتجاه

die Richtung

أمتعة السفر

das Gepäck

حقيبة

die Tasche

حقيبة ظهر

der Rucksack

ضيف

der Gast

غرفة

das Zimmer

كيس للنوم

der Schlafsack

خيمة

das Zelt

استعلامات سياحية

die Touristeninformation

شاطئ

der Strand

بطاقة ائتمان

die Kreditkarte

إفطار

das Frühstück

طعام الغداء

das Mittagessen

العشاء

das Abendessen

بطاقة سفر

die Fahrkarte

مصعد

der Fahrstuhl

طابع بريدي

die Briefmarke

حدود

die Grenze

الجمارك

der Zoll

سفارة

die Botschaft

تأشيرة

das Visum

جواز سفر

der Pass

der Transport

طائرة
das Flugzeug

سفينة
das Schiff

سيارة إطفاء
das Feuerwehrauto

حافلة
der Bus

سيارة شاحنة
der Lastwagen

زورق آلي
das Motorboot

دراجة
das Fahrrad

سيارة
das Auto

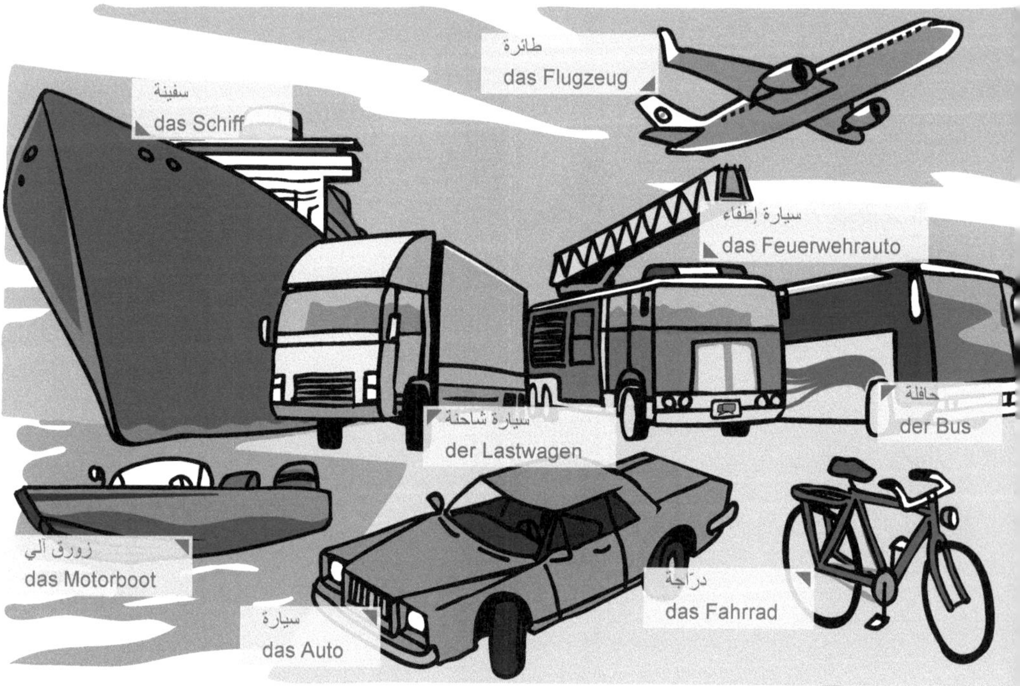

عبارة
die Fähre

قارب
das Boot

دراجة نارية
das Motorrad

سيارة شرطة
das Polizeiauto

سيارة سباق
das Rennauto

سيارة مستأجرة
der Mietwagen

أسلوب تشاركي في استئجار السيارات

das Carsharing

سيارة للجر

der Abschleppwagen

سيارة نقل القمامة

das Müllauto

محرك

der Motor

وقود

der Kraftstoff

محطة وقود

die Tankstelle

إشارة مرور

das Verkehrsschild

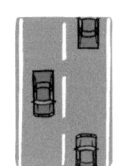

حركة السير

der Verkehr

ازدحام سير

der Stau

موقف سيارات

der Parkplatz

محطة قطار

der Bahnhof

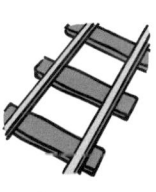

سكك حديدية

die Schienen

قطار

der Zug

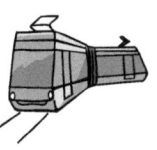

ترام

die Straßenbahn

عربة قطار

der Wagon

طائرة مروحية

der Helikopter

مطار

der Flughafen

برج

der Tower

مسافر

der Passagier

حاوية

der Container

علبة كرتون

der Karton

عربة يد

der Karren

سلة

der Korb

يقلع / يهبط

starten / landen

مدينة

die Stadt

قرية

das Dorf

مركز المدينة

das Stadtzentrum

بيت

das Haus

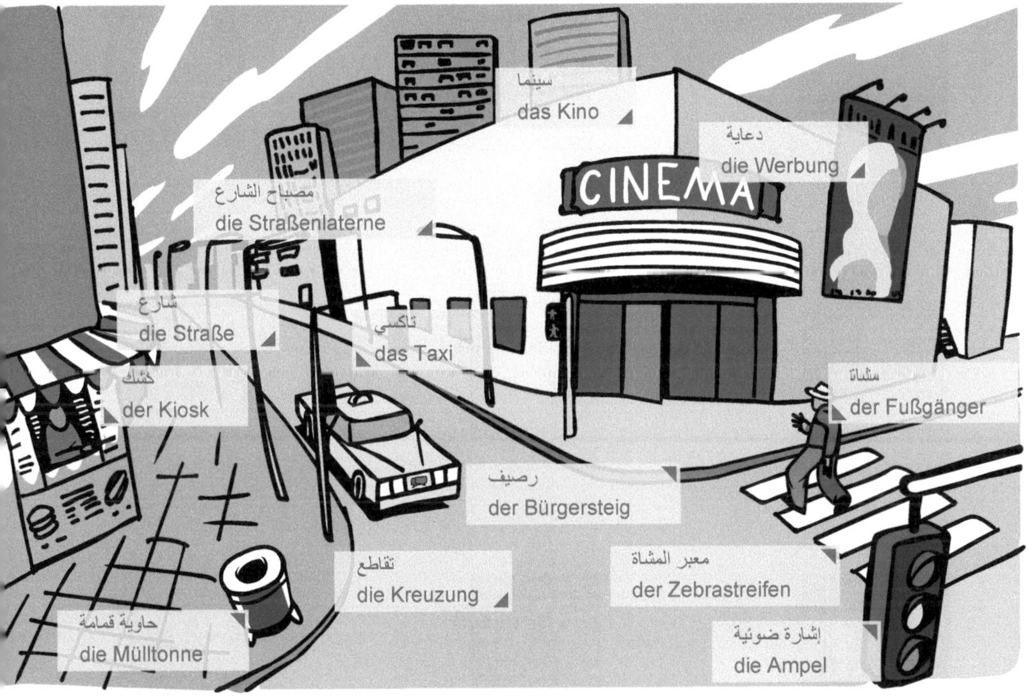

سينما
das Kino
دعاية
die Werbung
CINEMA
مصباح الشارع
die Straßenlaterne
شارع
die Straße
تاكسي
das Taxi
كشك
der Kiosk
مشاة
der Fußgänger
رصيف
der Bürgersteig
تقاطع
die Kreuzung
معبر المشاة
der Zebrastreifen
حاوية قمامة
die Mülltonne
إشارة ضوئية
die Ampel

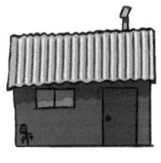

كوخ

die Hütte

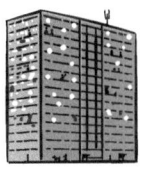

شقة

die Wohnung

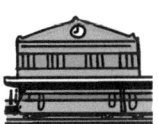

محطة قطار

der Bahnhof

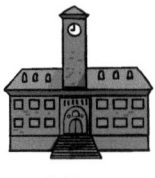

دار البلدية

das Rathaus

MUSEUM

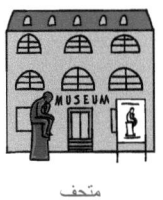

متحف

das Museum

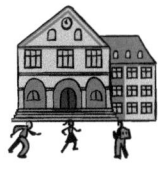

المدرسة

die Schule

الجامعة

die Universität

مصرف

die Bank

المستشفى

das Krankenhaus

فندق

das Hotel

صيدلية

die Apotheke

مكتب

das Büro

مكتبة

die Buchhandlung

متجر

das Geschäft

محل لبيع الزهور

der Blumenladen

سوبرماركت

der Supermarkt

سوق

der Markt

متجر كبير

das Kaufhaus

تاجر السمك

der Fischhändler

مركز تسوّق

das Einkaufszentrum

ميناء

der Hafen

حديقة عامة
....
der Park

مقعد
....
die Bank

جسر
....
die Brücke

درج، سلم
....
die Treppe

مترو
....
die U-Bahn

نفق
....
der Tunnel

موقف حافلات
....
die Bushaltestelle

بار
....
die Bar

مطعم
....
das Restaurant

صندوق البريد
....
der Briefkasten

لافتة باسم الشارع
....
das Straßenschild

مقياس زمن الوقوف
....
die Parkuhr

حديقة حيوانات
....
der Zoo

مسبح
....
die Badeanstalt

مسجد
....
die Moschee

مزرعة

der Bauernhof

تلوث البيئة

die Umweltverschmutzung

مقبرة

der Friedhof

كنيسة

die Kirche

ملعب الأطفال

der Spielplatz

معبد

der Tempel

طبيعة ريفية

die Landschaft

ورقة
das Blatt

علامة إرشاد
der Wegweiser

طريق
der Weg

مرج
die Wiese

حجر
der Stein

شجرة
der Baum

رحالة
der Wanderer

نهر
der Fluss

عشب
das Gras

زهرة
die Blume

وادٍ

das Tal

جبل

der Berg

بحيرة

der See

غابة

der Wald

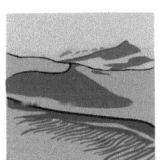

صحراء

die Wüste

بركان

der Vulkan

قلعة

das Schloss

قوس قزح

der Regenbogen

فطر

der Pilz

نخلة

die Palme

بعوض

der Moskito

ذبَانة

die Fliege

نملة

die Ameise

نحلة

die Biene

عنكبوت

die Spinne

خنفساء
....
der Käfer

ضفدعة
....
der Frosch

سنجاب
....
das Eichhörnchen

قنفذ
....
der Igel

أرنب
....
der Hase

بومة
....
die Eule

عصفور
....
die Vogel

بجعة
....
der Schwan

خنزير برّي
....
das Wildschwein

غزال
....
der Hirsch

إلكة
....
der Elch

سد
....
der Staudamm

دولاب الطاحونة الهوائية
....
das Windrad

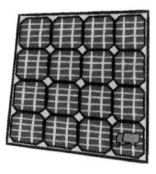

خلية شمسية
....
das Solarmodul

مناخ
....
das Klima

das Restaurant

نادل
der Kellner

لائحة الطعام
die Speisekarte

كرسي
der Stuhl

حساء
die Suppe

بيتزا
die Pizza

أدوات المائدة
das Besteck

غطاء المائدة
die Tischdecke

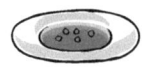

مقبلات

die Vorspeise

الصحن الرئيسي

das Hauptgericht

حلوى أو فاكهة بعد الطعام

die Nachspeise

مشروبات

die Getränke

طعام

das Essen

زجاجة

die Flasche

وجبات سريعة

das Fastfood

طعام الشارع

das Streetfood

إبريق الشاي

die Teekanne

علبة السكر

die Zuckerdose

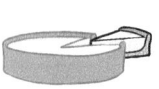

حصّة

die Portion

آلة الإسبريسو

die Espressomaschine

كرسي عالٍ

der Hochstuhl

فاتورة

die Rechnung

صينية

das Tablett

سكّين

das Messer

شوكة

die Gabel

ملعقة

der Löffel

ملعقة الشاي

der Teelöffel

منديل المائدة

die Serviette

كأس

das Glas

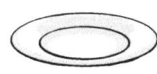

صحن
....
der Teller

صحن الحساء
....
der Suppenteller

صحن الفنجان
....
die Untertasse

صلصة
....
die Sauce

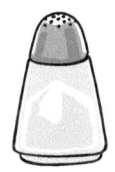

مملحة
....
der Salzstreuer

مطحنة الفلفل
....
die Pfeffermühle

خلّ
....
der Essig

زيت الطعام
....
das Öl

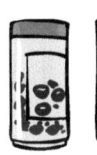

توابل
....
die Gewürze

كتشاب
....
das Ketchup

خردل
....
der Senf

مايونيز
....
die Mayonnaise

سوبرماركت
der Supermarkt

عرض خاص
das Angebot
FOR
زبون
der Kunde
مشتقات الحليب
die Milchprodukte
فواكه
das Obst
عربة تسوّق
der Einkaufswagen

BUTCHERS

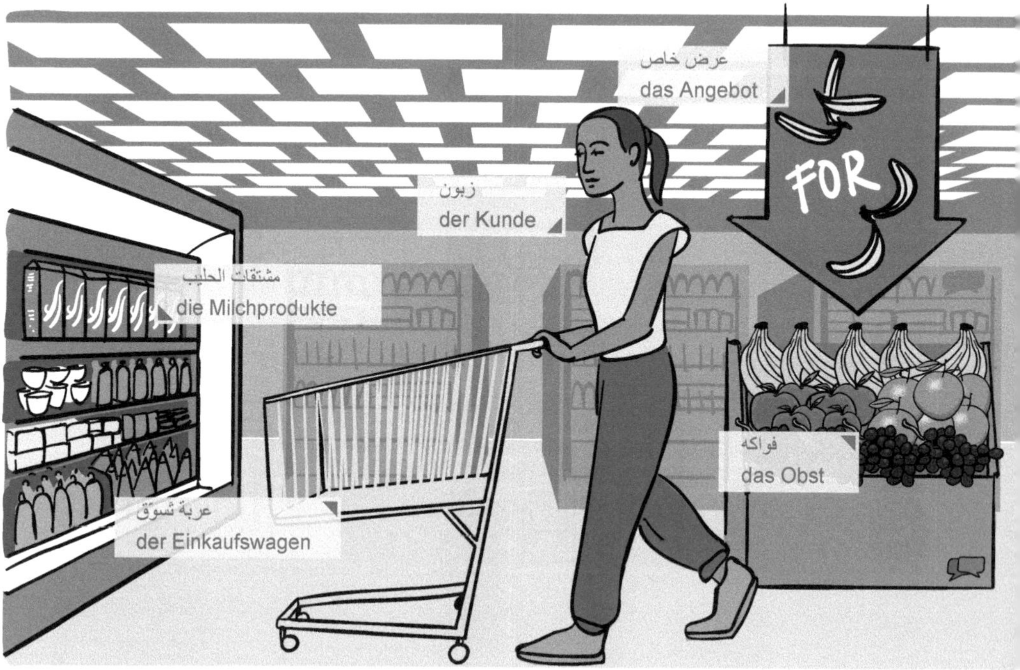

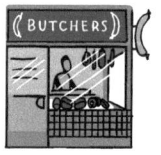

جزّار
....
die Schlachterei

BAKERY

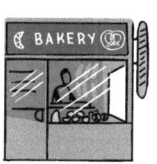

مخبز
....
die Bäckerei

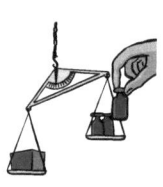

يزن
....
wiegen

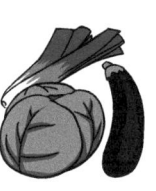

خضار
....
das Gemüse

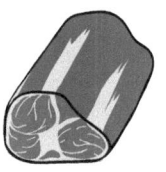

لحم
....
das Fleisch

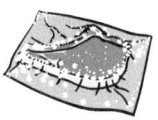

المأكولات المجمّدة
....
die Tiefkühlkost

مرتدلا أو جبن
....
der Aufschnitt

معلّبات
....
die Konserven

مسحوق الغسيل
....
das Waschmittel

حلويات
....
die Süßigkeiten

المواد المنزلية
....
die Haushaltsartikel

منظّفات
....
das Reinigungsmittel

بائعة
....
die Verkäuferin

صندوق الحساب
....
die Kasse

أمين صندوق
....
der Kassierer

قائمة المشتريات
....
die Einkaufsliste

أوقات العمل
....
die Öffnungszeiten

محفظة النقود
....
die Brieftasche

بطاقة ائتمان
....
die Kreditkarte

حقيبة
....
die Tasche

كيس بلاستيكي
....
die Plastiktüte

ماء

das Wasser

عصير

der Saft

حليب

die Milch

كولا

die Cola

نبيذ

der Wein

بيرة

das Bier

كحول

der Alkohol

كاكاو

der Kakao

شاي

der Tee

قهوة

der Kaffee

قهوة إسبريسو

der Espresso

كابوتشينو

der Cappuccino

das Essen

موزة

die Banano

تفاح

der Apfel

برتقال

die Orange

بطيخ

die Melone

ليمون

die Zitrone

جزرة

die Karotte

ثوم

der Knoblauch

خيزران

der Bambus

بصل

die Zwiebel

فطر

der Pilz

لوزيات

die Nüsse

شعيرية

die Nudeln

سباغيتّي

die Spaghetti

أرزّ

der Reis

سلطة

der Salat

بطاطا مقلية

die Pommes frites

بطاطا مقلية

die Bratkartoffeln

بيتزا

die Pizza

هامبورغر

der Hamburger

ساندويش

das Sandwich

شريحة لحم مقلية

das Schnitzel

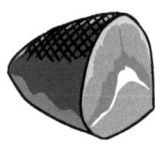

لحم خنزير

der Schinken

سلامي

die Salami

سجق

die Wurst

دجاج

das Huhn

لحم محمر

der Braten

سمك

der Fisch

طعام - das Essen

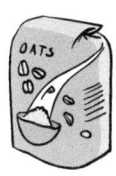

دقيق الشوفان

die Haferflocken

موسلي

das Müsli

كورن فلكس

die Cornflakes

طحين

das Mehl

كرواسان

das Croissant

خبز صغير

das Brötchen

خبز

das Brot

خبز محمص

der Toast

بسكويت

die Kekse

زبدة

die Butter

لبن زبادي

der Quark

كعكة

der Kuchen

بيضة

das Ei

بيض مقلي

das Spiegelei

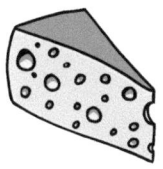

جبنة

der Käse

مثلجات

die Eiscreme

سكر

der Zucker

عسل

der Honig

مربّى الفاكهة

die Marmelade

كريم النوغا

die Nougat-Creme

الكاري

das Curry

مزرعة
der Bauernhof

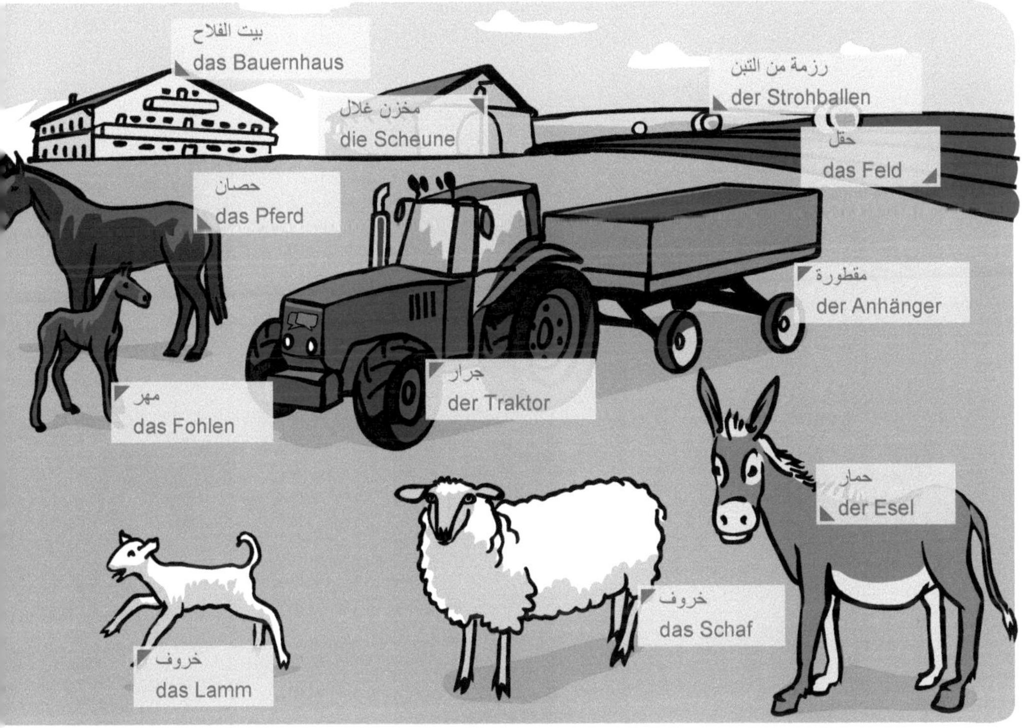

بيت الفلاح
das Bauernhaus
مخزن غلال
die Scheune
رزمة من التبن
der Strohballen
حقل
das Feld
حصان
das Pferd
مقطورة
der Anhänger
جرار
der Traktor
مهر
das Fohlen
حمار
der Esel
خروف
das Schaf
خروف
das Lamm

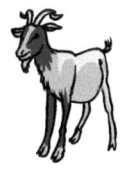

ماعز

die Ziege

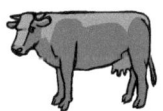

بقرة

die Kuh

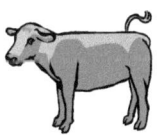

عجل

das Kalb

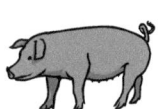

خنزير

das Schwein

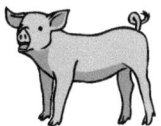

خنزير صغير

das Ferkel

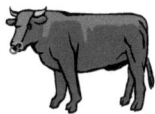

ثور

der Bulle

إوزَة

die Gans

بطة

die Ente

صوص

das Küken

دجاجة

das Huhn

ديك

der Hahn

جرذ

die Ratte

قطة

die Katze

فأر

die Maus

ثور

der Ochse

كلب

der Hund

كوخ الكلب

die Hundehütte

خرطوم الحديقة

der Gartenschlauch

إبريق

die Gießkanne

منجل

die Sense

المحراث

der Pflug

مزرعة - der Bauernhof

منجل

die Sichel

معزقة

die Hacke

مذراة الزبل

die Mistgabel

بلطة

die Axt

عربة يد

die Schubkarre

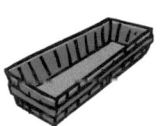

معلف

der Trog

صفيحة الحليب

die Milchkanne

كيس

der Sack

سياج

der Zaun

اصطبل

der Stall

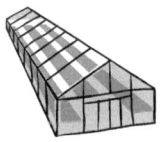

دفينة

das Treibhaus

تربة

der Boden

die Saat

بذور

سماد

der Dünger

حصّادة درّاسة

der Mähdrescher

يحصد
ernten

محصول
die Ernte

بطاطا يامس
die Yamswurzel

قمح
der Weizen

صويا
das Soja

بطاطا
die Kartoffel

ذرة
der Mais

سلجم
der Raps

شجرة فاكهة
der Obstbaum

نبات منيهوت
der Maniok

الحبوب
das Getreide

بيت
das Haus

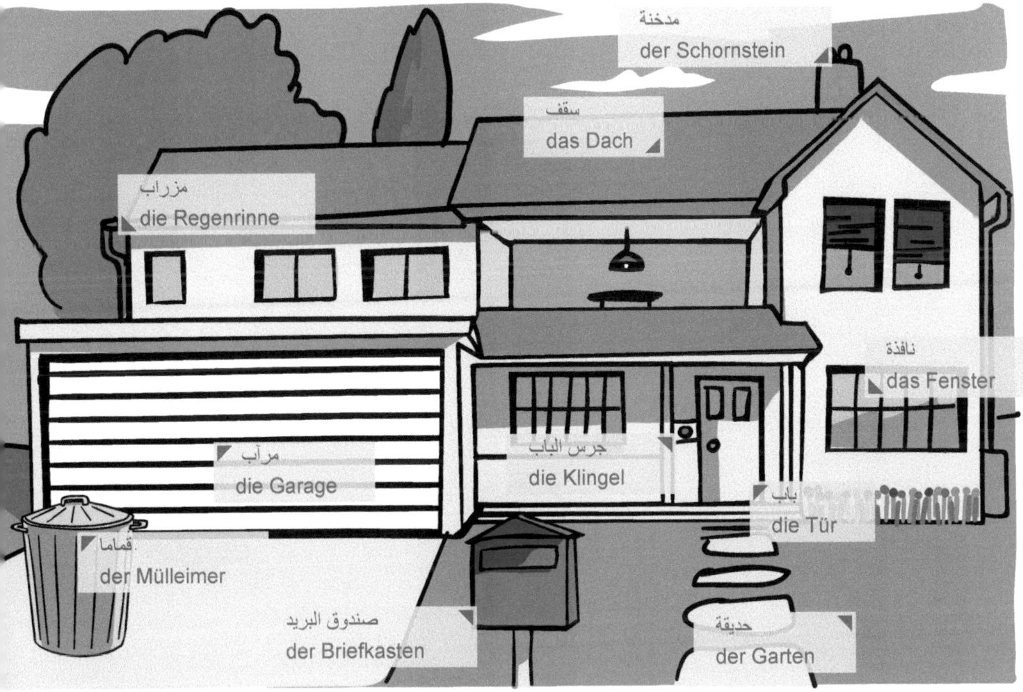

مدخنة
der Schornstein
سقف
das Dach
مزراب
die Regenrinne
نافذة
das Fenster
مرآب
die Garage
جرس الباب
die Klingel
باب
die Tür
قماما
der Mülleimer
صندوق البريد
der Briefkasten
حديقة
der Garten

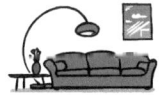

غرفة جلوس
das Wohnzimmer

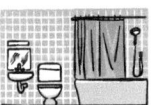

الحمّام
das Badezimmer

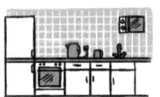

مطبخ
die Küche

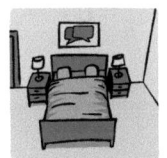

غرفة النوم
das Schlafzimmer

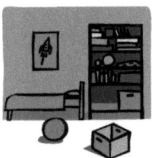

غرفة الأطفال
das Kinderzimmer

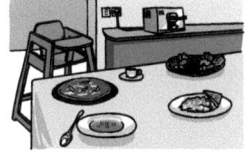

غرفة الطعام
das Esszimmer

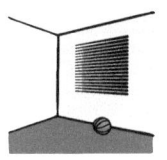

أرضية
....
der Boden

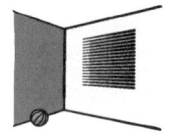

حائط
....
die Wand

سقف
....
die Decke

قبو
....
der Keller

ساونا
....
die Sauna

بلكون
....
der Balkon

شرفة
....
die Terrasse

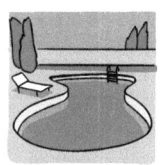

مسبح
....
das Schwimmbad

جزازة العشب
....
der Rasenmäher

بياضات السرير
....
der Bettbezug

بطانية
....
die Bettdecke

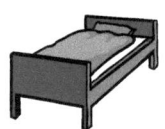

سرير
....
das Bett

مكنسة
....
der Besen

سطل
....
der Eimer

مفتاح كهربائي
....
der Schalter

غرفة جلوس

das Wohnzimmer

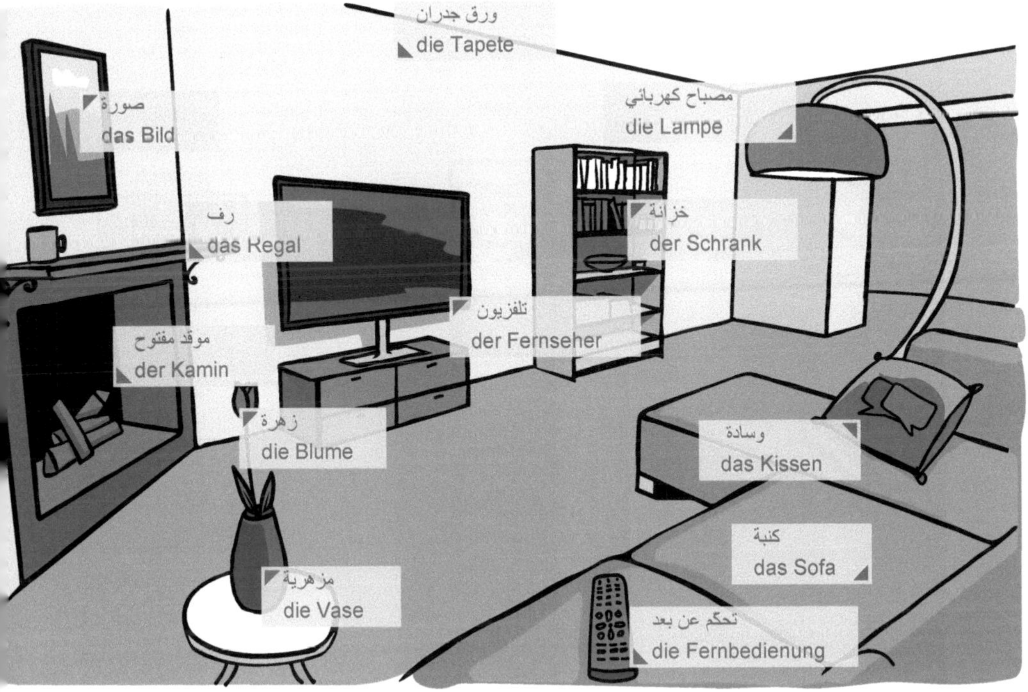

ورق جدران
die Tapete
صورة
das Bild
مصباح كهربائي
die Lampe
رف
das Regal
خزانة
der Schrank
تلفزيون
der Fernseher
موقد مفتوح
der Kamin
زهرة
die Blume
وسادة
das Kissen
كنبة
das Sofa
مزهرية
die Vase
تحكم عن بعد
die Fernbedienung

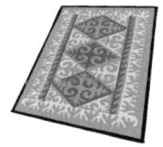

بساط

der Teppich

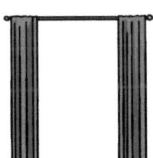

ستارة

der Vorhang

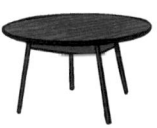

طاولة

der Tisch

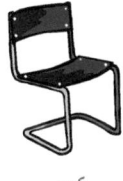

كرسي

der Stuhl

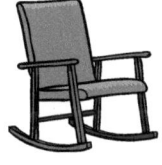

كرسي هزّاز

der Schaukelstuhl

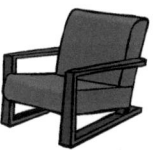

كرسي ذو ذراعين

der Sessel

الكتاب

das Buch

بطانية

die Decke

زخرفة

die Dekoration

الحطب

das Feuerholz

فيلم

der Film

تجهيزات ستيريو

die Stereoanlage

مفتاح

der Schlüssel

جريدة

die Zeitung

لوحة مرسومة

das Gemälde

مُلصق

das Poster

راديو

das Radio

دفتر ملاحظات

der Notizblock

المكنسة الكهربائية

der Staubsauger

صبّار

der Kaktus

شمعة

die Kerze

مطبخ
die Küche

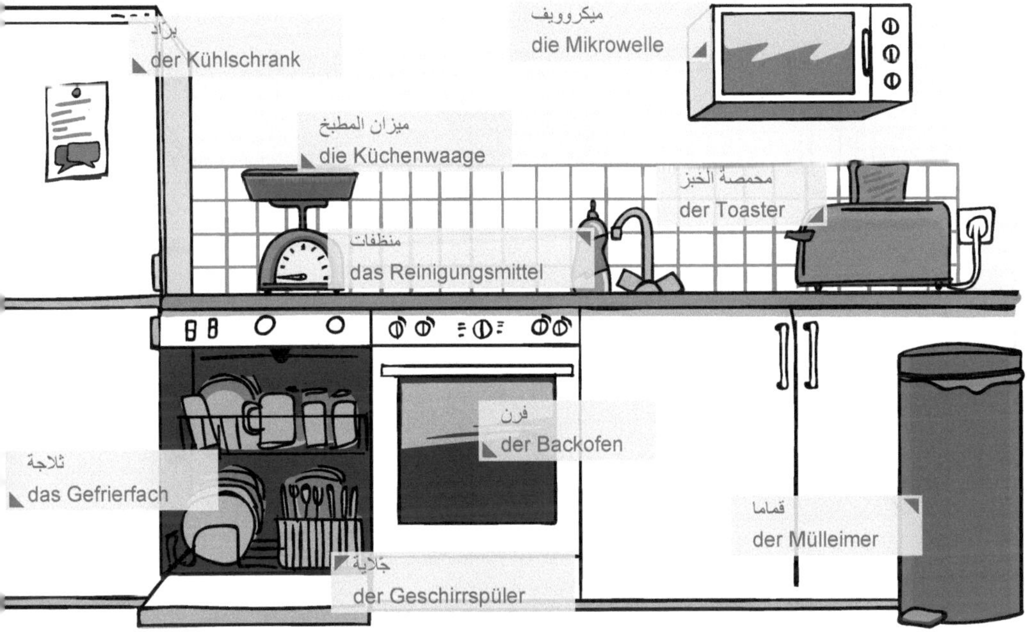

براد
der Kühlschrank
ميكروويف
die Mikrowelle
ميزان المطبخ
die Küchenwaage
محمصة الخبز
der Toaster
منظفات
das Reinigungsmittel
فرن
der Backofen
ثلاجة
das Gefrierfach
قماما
der Mülleimer
جَلاية
der Geschirrspüler

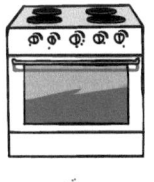

موقد

....

der Herd

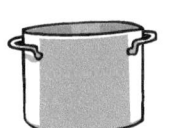

قِدر

....

der Topf

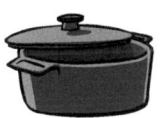

وعاء من الحديد

....

der Eisentopf

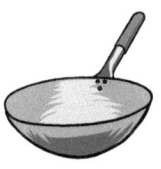

قدر صيني

....

der Wok / Kadai

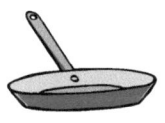

مقلاة

....

die Pfanne

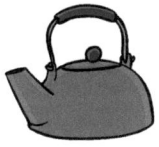

غلاية

....

der Wasserkocher

قدر البخار

der Dampfgarer

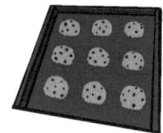

صينية

das Backblech

أواني

das Geschirr

فنجان

der Becher

صحن

die Schale

عيدان الأكل

die Essstäbchen

مغرفة

die Suppenkelle

ملعقة منبسطة

der Pfannenwender

خفاقة

der Schneebesen

مصفاة

das Kochsieb

مصفاة

das Sieb

مبشرة

die Reibe

هاون

der Mörser

شواء

der Grill

موقد

die Feuerstelle

لوح التقطيع

das Schneidebrett

نشّابة

das Nudelholz

مفتاح الزجاجات

der Korkenzieher

علبة

die Dose

مفتاح العلب المعدنية

der Dosenöffner

قماش الفرن

der Topflappen

مجلى

das Waschbecken

فرشاة

die Bürste

إسفنج

der Schwamm

خلاط

der Mixer

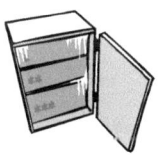

مجمّدة

die Gefriertruhe

زجاجة الطفل

die Babyflasche

صنبور الماء

der Wasserhahn

الحمّام

das Badezimmer

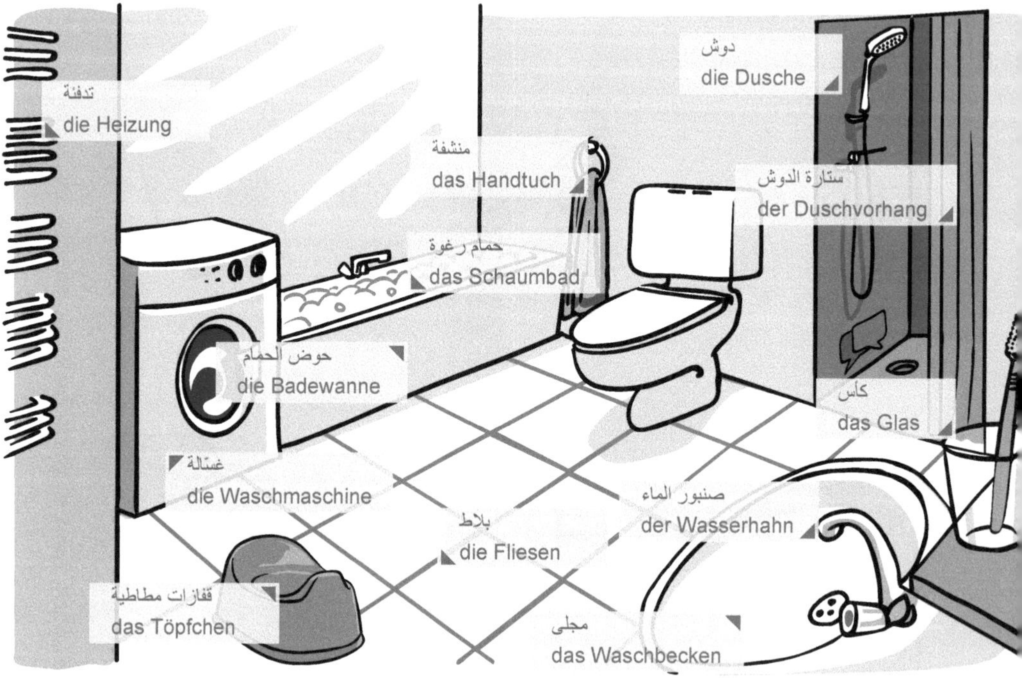

دوش
die Dusche

تدفئة
die Heizung

منشفة
das Handtuch

ستارة الدوش
der Duschvorhang

حمام رغوة
das Schaumbad

حوض الحمام
die Badewanne

كأس
das Glas

غسّالة
die Waschmaschine

بلاط
die Fliesen

صنبور الماء
der Wasserhahn

قفازات مطاطية
das Töpfchen

مجلى
das Waschbecken

حمام
die Toilette

مرحاض القرفصاء
die Hocktoilette

حوض التشطيف
das Bidet

مبولة
das Pissoir

ورق المرحاض
das Toilettenpapier

فرشاة الحمام
die Toilettenbürste

38

فرشاة الأسنان

die Zahnbürste

معجون الأسنان

die Zahnpasta

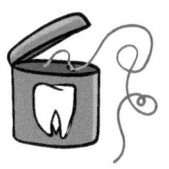

خيط حرير لتنظيف الأسنان

die Zahnseide

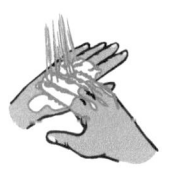

يغسل

waschen

رشاش ماء يدوي

die Handbrause

شطاف

die Intimdusche

حوض الغسيل

die Waschschüssel

فرشاة الظهر

die Rückenbürste

صابون

die Seife

جيل الدوش

das Duschgel

شامبو

das Shampoo

ممسحة

der Waschlappen

مصرف للماء

der Abfluss

مرهم

die Creme

مزيل الروائح

das Deodorant

مرآة

der Spiegel

مرآة يد

der Kosmetikspiegel

موس حلاقة

der Rasierer

رغوة الحلاقة

der Rasierschaum

كولونيا

das Rasierwasser

مشط

der Kamm

فرشاة

die Bürste

سشوار

der Föhn

مثبت للشعر

das Haarspray

ماكياج

das Makeup

روج

der Lippenstift

طلاء أظافر

der Nagellack

قطن

die Watte

مقص أظافر

die Nagelschere

عطر

das Parfum

سلّة الغسيل
....
der Kulturbeutel

مقعد صغير
....
der Hocker

ميزان
....
die Waage

معطف الحمام
....
der Bademantel

قفازات مطاطية
....
die Gummihandschuhe

سدادة قطنية
....
das Tampon

منشفة صحية
....
die Damenbinde

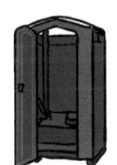

تواليت كيميائية
....
die Chemietoilette

غرفة الأطفال
das Kinderzimmer

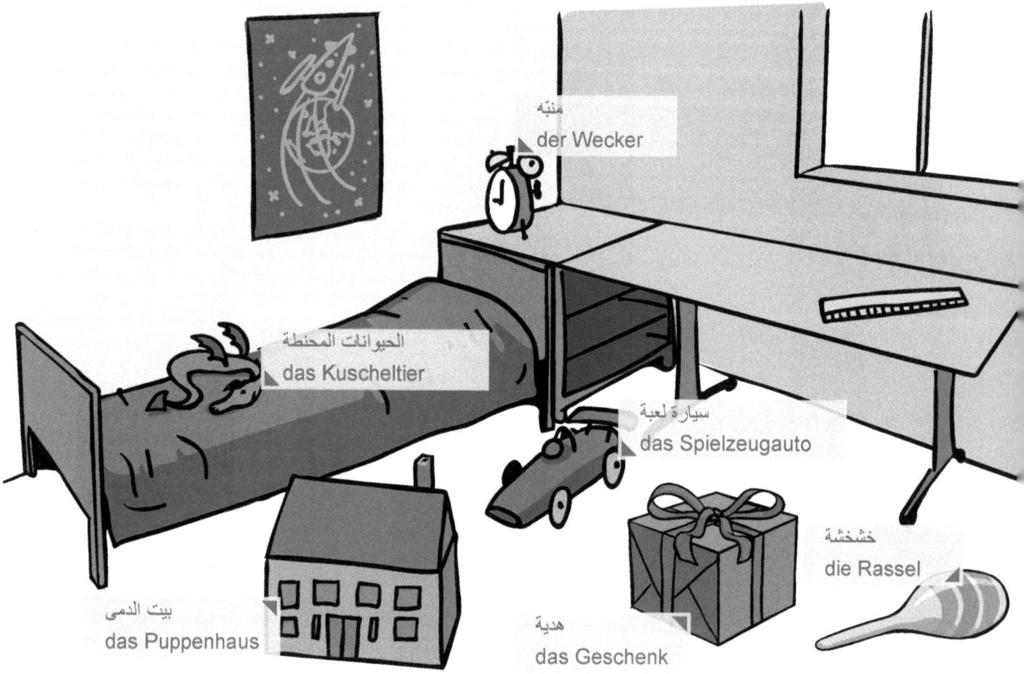
منبّه
der Wecker
الحيوانات المحنطة
das Kuscheltier
سيارة لعبة
das Spielzeugauto
خشخشة
die Rassel
بيت الدمى
das Puppenhaus
هدية
das Geschenk

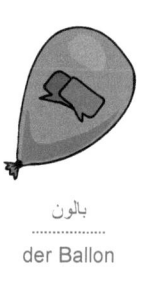

بالون
der Ballon

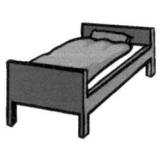

سرير
das Bett

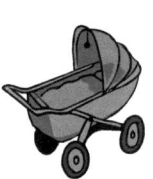

عربة الأطفال
der Kinderwagen

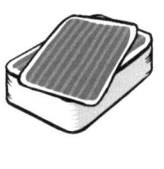

لعبة الورق
das Kartenspiel

أحجية
das Puzzle

SUPER MEGA

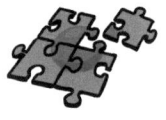

رسوم هزلية
der Comic

أحجار الليغو

die Legosteine

حجارة تركيب

die Bausteine

دمية بطل

die Action Figur

لباس الطفل

der Strampelanzug

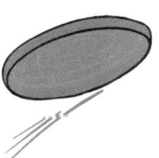

فريسبي

das Frisbee

دمية معلّقة

das Mobile

لعبة الطاولة

das Brettspiel

لعبة النرد

der Würfel

لعبة قطار

die Modelleisenbahn

مصّاصة

der Schnuller

حفلة

die Party

كتاب مصوّر

das Bilderbuch

كرة

der Ball

دمية

die Puppe

يلعب

spielen

ملعب رملي للأطفال

der Sandkasten

أرجوحة

die Schaukel

لعبة

das Spielzeug

ألعاب فيديو

die Spielkonsole

دراجة ثلاثية

das Dreirad

دمية على شكل الدب

der Teddy

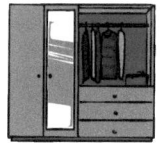

خزانة الثياب

der Kleiderschrank

جوارب قصيرة

die Socken

جوارب طويلة

die Strümpfe

جورب بنطلون

die Strumpfhose

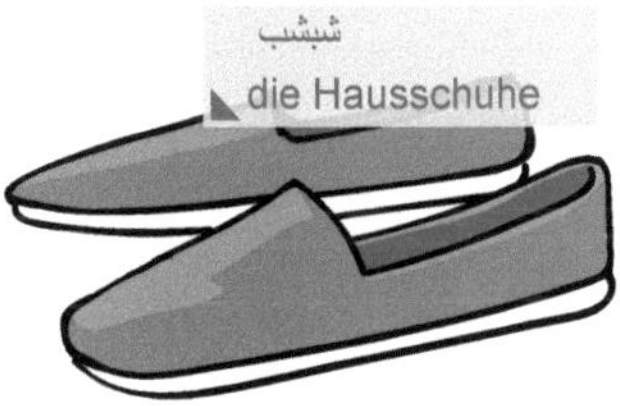

شال
der Schal

شمسية
der Regenschirm

تي شيرت
das T-Shirt

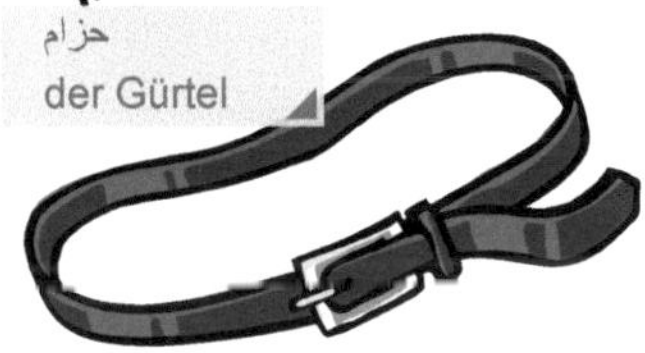

حزام
der Gürtel

حذاء شتوي
der Stiefel

شبشب
die Hausschuhe

أحذية رياضية
die Turnschuhe

صندل
....
die Sandalen

حذاء
....
die Schuhe

جزمة كاوتشوك
....
die Gummistiefel

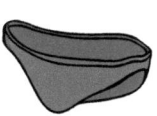

سروال داخلي
....
die Unterhose

صدّارة
....
der Büstenhalter

قميص داخلي
....
das Unterhemd

لباس ملاصق للجسم
....
der Body

بنطلون
....
die Hose

جينز
....
die Jeans

تَنّورة
....
der Rock

بلُوزة
....
die Bluse

قميص
....
das Hemd

سترة قطنية
....
der Pullover

كنزة كم طويل
....
der Kapuzenpullover

سترة فضفاضة
....
der Blazer

سترة
....
die Jacke

معطف
....
der Mantel

معطف مطري
....
der Regenmantel

زي - طقم نسائي
....
das Kostüm

ثوب
....
das Kleid

ثوب الزفاف
....
das Hochzeitskleid

طقم
der Anzug

قميص نوم
das Nachthemd

بيجاما
der Schlafanzug

ساري
der Sari

حجاب
das Kopftuch

عمامة
der Turban

برقع
die Burka

قفطان
der Kaftan

عباءة
die Abaya

مايوه
der Badeanzug

سروال سباحة
die Badehose

شرت
die kurze Hose

بدلة رياضية
der Trainingsanzug

مئزر
die Schürze

قفازات
die Handschuhe

زر

der Knopf

نظّارة

die Brille

إسوارة

das Armband

عقد

die Halskette

خاتم

der Ring

قُرط

der Ohrring

طاقيّة

die Mütze

علاقة ثياب

der Kleiderbügel

قبّعة

der Hut

ربطة العنق

die Krawatte

سحّاب

der Reißverschluss

خوذة

der Helm

حمّالة البنطلون

der Hosenträger

اللباس المدرسي

die Schuluniform

زي موحّد

die Uniform

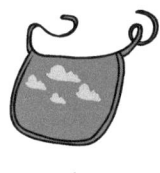

مريلة الأطفال

....

das Lätzchen

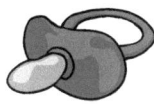

مصّاصة

....

der Schnuller

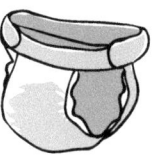

لفافة

....

die Windel

مكتب

das Büro

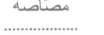

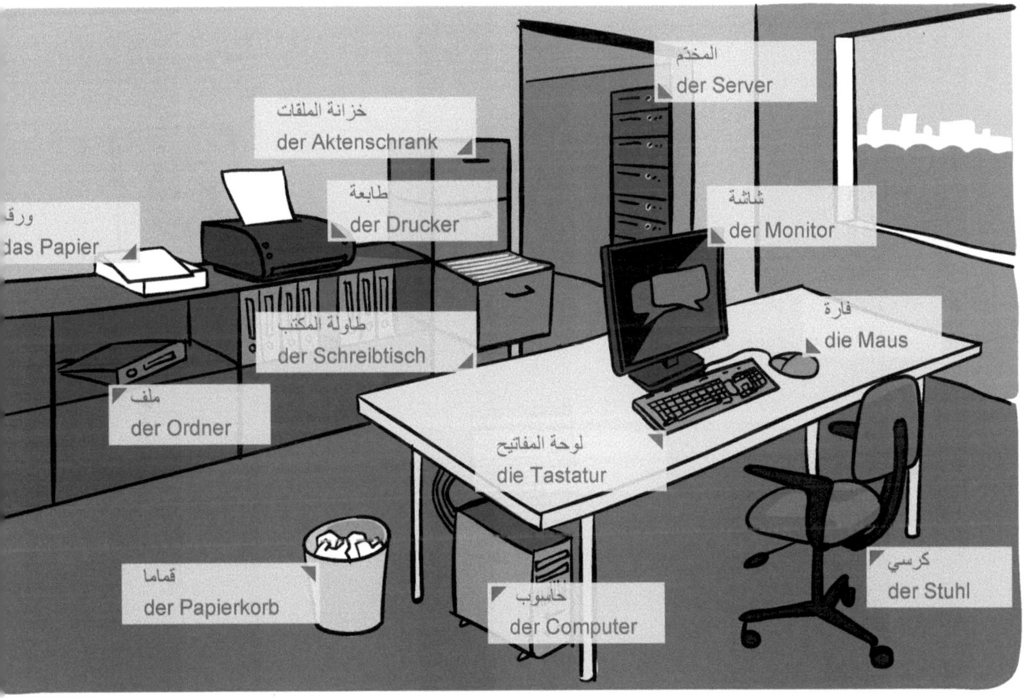
المخدّم
der Server
خزانة الملفات
der Aktenschrank
طابعة
der Drucker
ورق
das Papier
شاشة
der Monitor
فارة
die Maus
طاولة المكتب
der Schreibtisch
ملف
der Ordner
لوحة المفاتيح
die Tastatur
قماما
der Papierkorb
حاسوب
der Computer
كرسي
der Stuhl

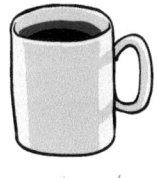

كأس من القهوة

....

der Kaffeebecher

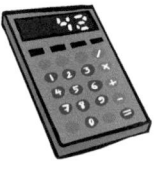

الآلة الحاسبة

....

der Taschenrechner

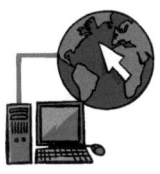

الإنترنت

....

das Internet

الحاسوب المحمول

der Laptop

رسالة

der Brief

خبر

die Nachricht

الهاتف المحمول

das Handy

شبكة

das Netzwerk

جهاز تصوير

der Kopierer

البرمجيات

die Software

هاتف

das Telefon

مقبس كهربائي

die Steckdose

فاكس

das Fax

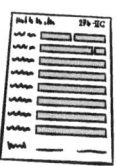

استمارة

das Formular

وثيقة

das Dokument

يَشْتَري

kaufen

يدفع

bezahlen

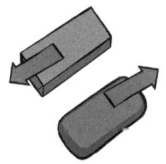

يتاجر

handeln

مال

das Geld

دولار

der Dollar

يورو

der Euro

ين

der Yen

روبل

der Rubel

فرنك سويسري

der Franken

يوان

der Renminbi Yuan

روبية

die Rupie

صرّاف آلي

der Geldautomat

مكتب صرافة

die Wechselstube

ذهب

das Gold

فضة

das Silber

نفط

das Öl

طاقة

die Energie

سعر

der Preis

عقد

der Vertrag

ضريبة

die Steuer

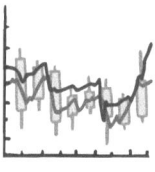

سهم

die Aktie

يعمل

arbeiten

موظف

der Angestellte

رب العمل

der Arbeitgeber

مصنع

die Fabrik

متجر

das Geschäft

المِهَن

die Berufe

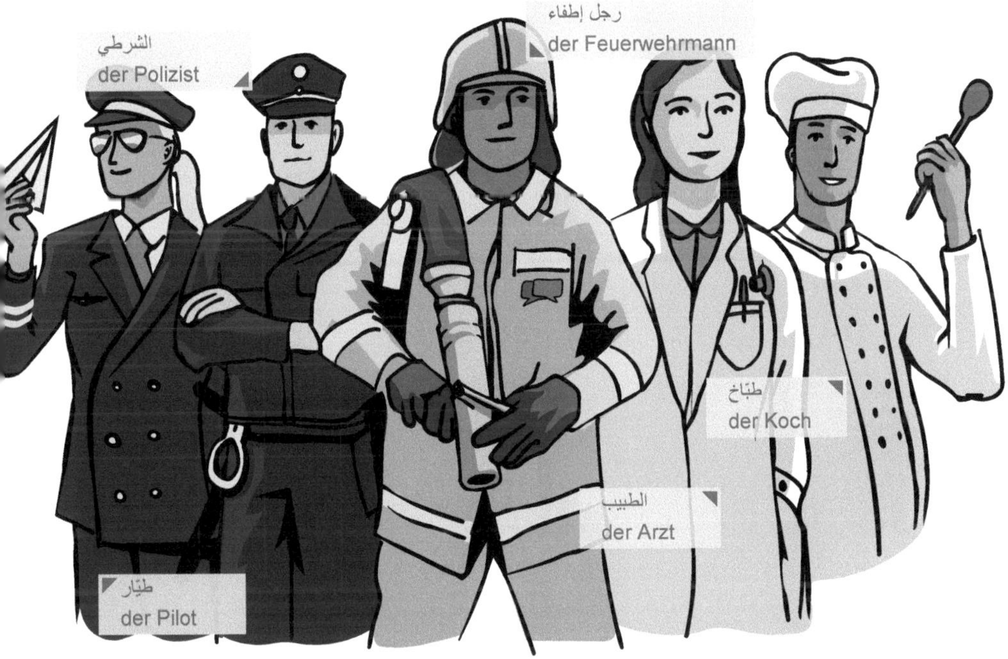
الشرطي
der Polizist
رجل إطفاء
der Feuerwehrmann
طبّاخ
der Koch
الطبيب
der Arzt
طيّار
der Pilot

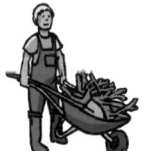

بستاني

....

der Gärtner

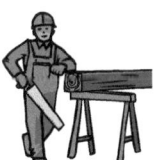

نجّار

....

der Tischler

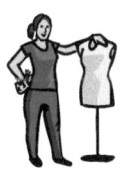

خيّاطة

....

die Näherin

قاض

....

der Richter

كيميائي

....

der Chemiker

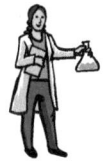

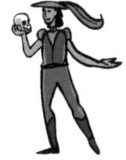

ممثل

....

der Schauspieler

سائق حافلة

der Busfahrer

سائق تاكسي

der Taxifahrer

صياد سمك

der Fischer

أجيرة للتنظيف

die Putzfrau

بنّاء سقف

der Dachdecker

نادل

der Kellner

صيّاد

der Jäger

رسّام

der Maler

خبّاز

der Bäcker

كهربائي

der Elektriker

عامل بناء

der Bauarbeiter

مهندس

der Ingenieur

لحّام

der Schlachter

سمكري

der Klempner

ساعي البريد

der Postbote

المِهَن - die Berufe

جندي
der Soldat

مهندس معماري
der Architekt

أمين صندوق
der Kassierer

بائع الزهور
der Florist

حلاق
der Friseur

مراقب القطار
der Schaffner

ميكانيكي
der Mechaniker

قبطان
der Kapitän

طبيب أسنان
der Zahnarzt

رجل العلم
der Wissenschaftler

حاخام
der Rabbi

إمام
der Imam

راهب
der Mönch

كاهن
der Geistliche

عدة عمل
die Werkzeuge

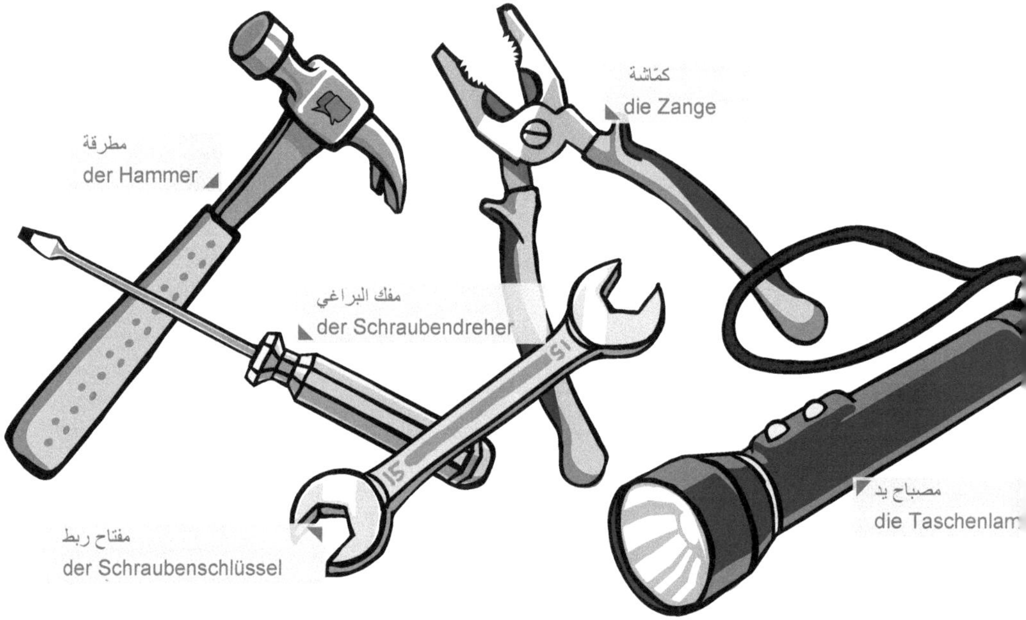

كمّاشة
die Zange
مطرقة
der Hammer
مفك البراغي
der Schraubendreher
مصباح يد
die Taschenlam
مفتاح ربط
der Schraubenschlüssel

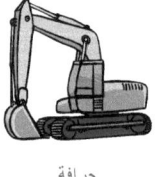

جرافة

der Bagger

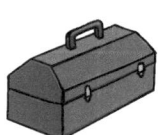

صندوق العدة

der Werkzeugkasten

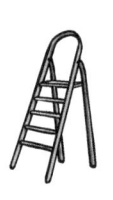

سلّم

die Leiter

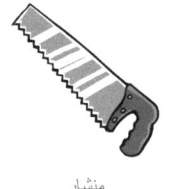

منشار

die Säge

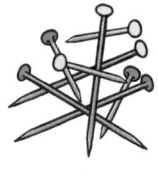

مسامير

die Nägel

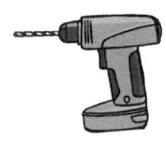

مثقب

der Bohrer

يصلح

reparieren

مجرفة

die Schaufel

اللعنة

Mist!

لقاطة الكناسة

das Kehrblech

سطل الألوان

der Farbtopf

براغي

die Schrauben

آلات موسيقية
die Musikinstrumente

مكبر الصوت
der Lautsprecher

آلات الإيقاع
das Schlagzeug

غيتار
die Gitarre

كمان أجهر
der Kontrabass

بوق
die Trompete

بيانو

das Klavier

كمنجة

die Violine

جهير

der Bass

طبل كبير

die Pauke

طبل

die Trommeln

بيانو كهربائي

das Keyboard

ساكسوفون

das Saxophon

ناي

die Flöte

ميكروفون

das Mikrofon

حديقة حيوانات

der Zoo

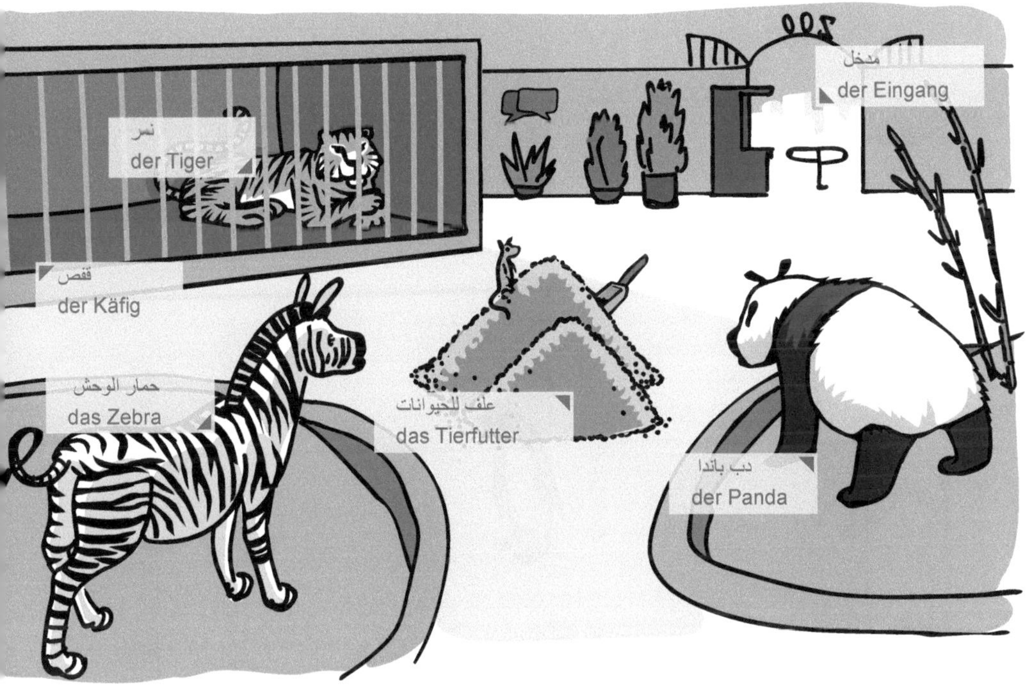

نمر
der Tiger
مدخل
der Eingang
قفص
der Käfig
حمار الوحش
das Zebra
علف للحيوانات
das Tierfutter
دب باندا
der Panda

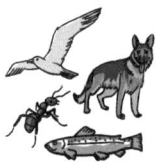

حيوانات
die Tiere

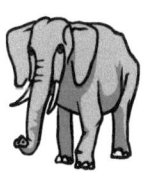

فيل
der Elefant

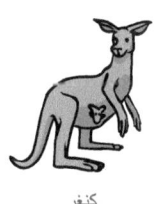

كنغر
das Känguruh

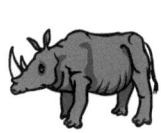

وحيد القرن
das Nashorn

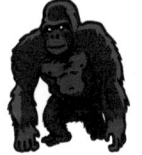

غوريلا
der Gorilla

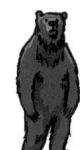

دب
der Bär

جمل
das Kamel

نعامة
der Strauß

أسد
der Löwe

قرد
der Affe

طائر فلامينغو
der Flamingo

ببغاء
der Papagei

دب قطبي
der Eisbär

بطريق
der Pinguin

سمك القرش
der Hai

طاووس
der Pfau

أفعى
die Schlange

تمساح
das Krokodil

حارس في حديقة الحيوان
der Zoowärter

عجل البحر
die Robbe

نمر أمريكي مرقط
der Jaguar

فرس قزم

das Pony

نمر

der Leopard

فرس النهر

das Nilpferd

زرافة

die Giraffe

نسر

der Adler

خنزير برّي

das Wildschwein

سمك

der Fisch

سلحفاة

die Schildkröte

حيوان فظ البحري

das Walross

ثعلب

der Fuchs

غزال

die Gazelle

كرة القدم الأمريكية
das American Football

ركوب الدراجات
das Radfahren

كرة التنس
das Tennis

كرة السلة
der Basketball

السباحة
das Schwimmen

الملاكمة
das Boxen

هوكي الجليد
das Eishockey

كرة القدم
der Fußball

الريشة الطائرة
das Badminton

ألعاب القوى الخفيفة
die Leichtathletik

كرة اليد
der Handball

التزلج على الثلج
das Skilaufen

بولو
das Polo

die Aktivitäten

يضحك
lachen
يقفز
springen
يعانق
umarmen
يمشي
gehen
يغنّي
singen
يحلم
träumen
يصلّي
beten
يقبل
küssen

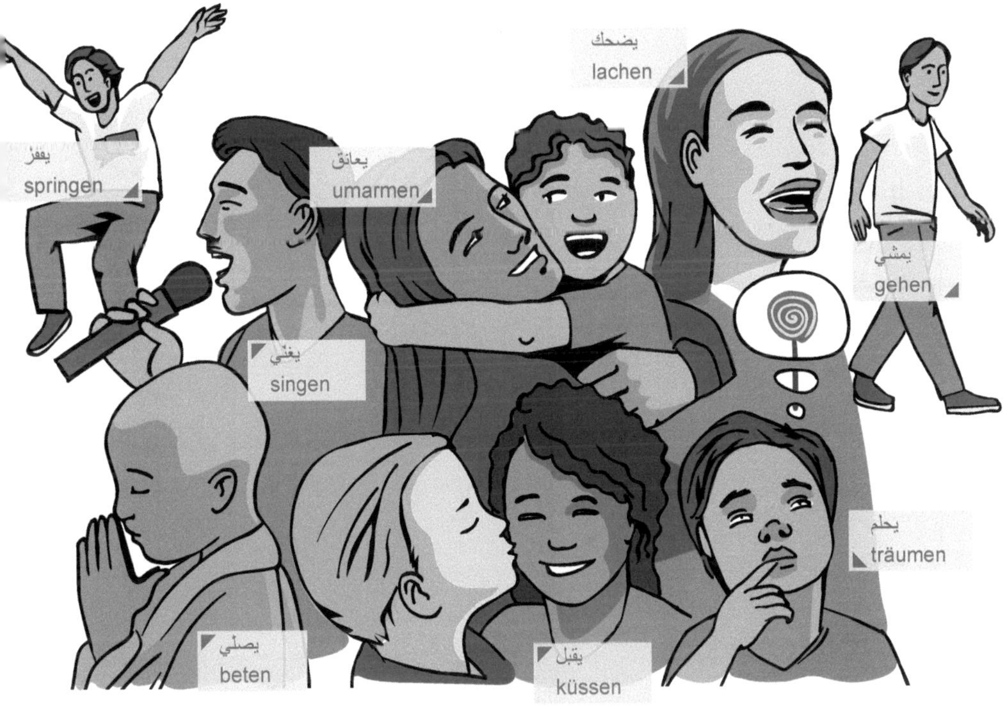

يكتب

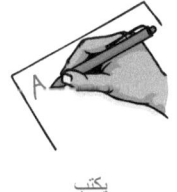

schreiben

يرسم

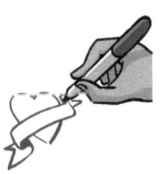

zeichnen

يُري

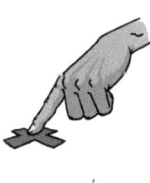

zeigen

يدفع

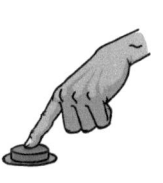

drücken

يعطي

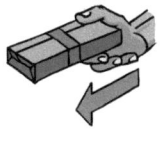

geben

يأخذ

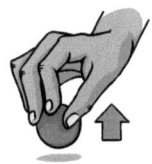

nehmen

يملك

haben

يعمل

tun

يوجد

sein

يقف

stehen

يركض

laufen

يسحب

ziehen

يرمي

werfen

يقع

fallen

يستلقي

liegen

ينتظر

warten

يحمل

tragen

يجلس

sitzen

يلبس

anziehen

ينام

schlafen

يستيقظ

aufwachen

ينظر إلى ..

ansehen

يبكي

weinen

يمسّد

streicheln

يمشّط

kämmen

يتكلّم

reden

يفهم

verstehen

يسأل

fragen

يسمع

hören

يشرب

trinken

يأكل

essen

يرتب

aufräumen

يحبّ

lieben

يطبخ

kochen

يقود

fahren

يطيّر

fliegen

يبحر بزورق شراعي

segeln

يحسب

rechnen

يقرأ

lesen

يتعلم

lernen

يعمل

arbeiten

يتزوج

heiraten

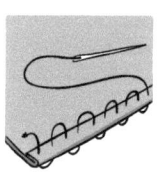

يخيط

nähen

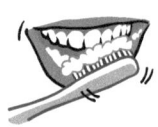

ينظف أسنانه

Zähne putzen

يقتل

töten

يدخّن

rauchen

يرسل

senden

die Familie

الطفل
das Baby

Großmutter

جَدّ
der Großvater

أب
der Vater

أم
die Mutter

ابنة
die Tochter

ابن
der Sohn

ضيف

der Gast

عمّة / خالة

die Tante

عمّ / خال

der Onkel

أخ

der Bruder

أخت

die Schwester

عائلة - die Familie   67

der Körper

الجبين
die Stirn

العين
das Auge

الكتف
die Schulter

الإصبع
der Finger

الوجه
das Gesicht

الذقن
das Kinn

اليد
die Hand

الصدر
die Brust

الساق
das Bein

الذراع
der Arm

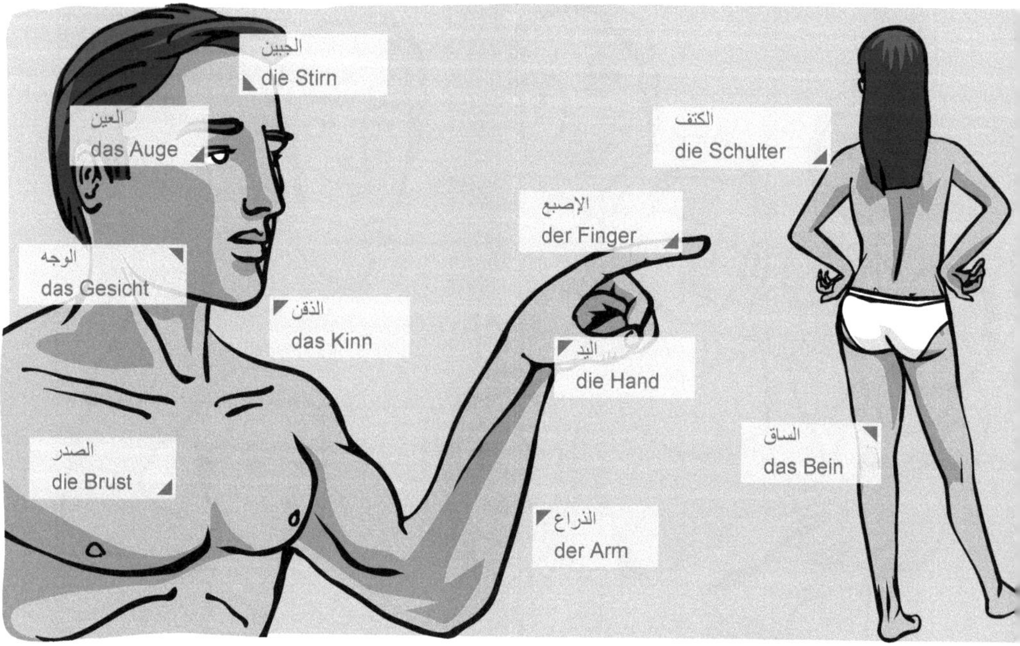

الطفل
das Baby

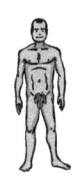

الرجل
der Mann

المرأة
die Frau

البنت
das Mädchen

الولد
der Junge

الرأس
der Kopf

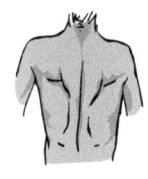

الظهر

der Rücken

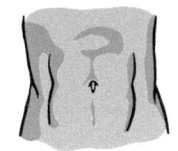

البطن

der Bauch

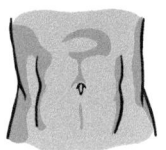

السرّة

der Nabel

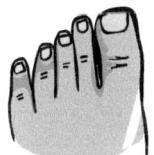

إصبع القدم

der Zeh

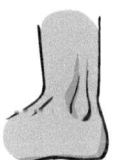

الكعب

die Ferse

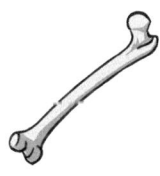

العظم

der Knochen

الورك

die Hüfte

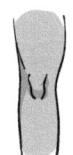

الركبة

das Knie

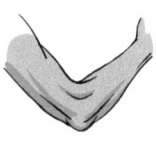

المرفق

der Ellenbogen

الأنف

die Nase

العَجُز

das Gesäß

البشرة

die Haut

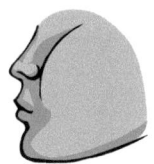

الخد

die Wange

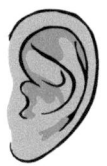

الأذن

das Ohr

الشّفة

die Lippe

الفم

der Mund

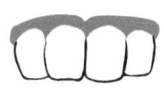

السن

der Zahn

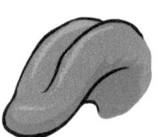

اللسان

die Zunge

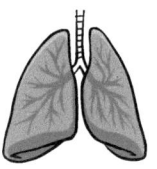

الدماغ

das Gehirn

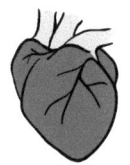

القلب

das Herz

العضلة

der Muskel

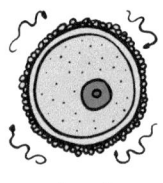

الرئة

die Lunge

الكبد

die Leber

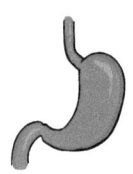

المعدة

der Magen

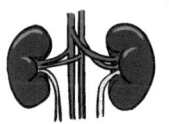

الكلى

die Nieren

الاتصال الجنسي

der Geschlechtsverkehr

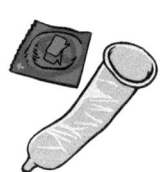

الواقي المطاطي

das Kondom

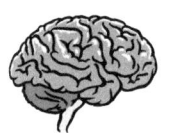

البويضة

die Eizelle

المنيّ

das Sperma

الحمل

die Schwangerschaft

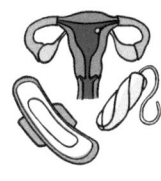

الحيض

die Menstruation

المهبل

die Vagina

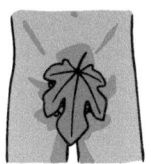

القضيب

der Penis

الحاجب

die Augenbraue

الشعر

das Haar

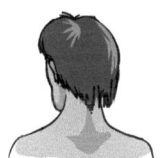

الرقبة

der Hals

المستشفى
das Krankenhaus

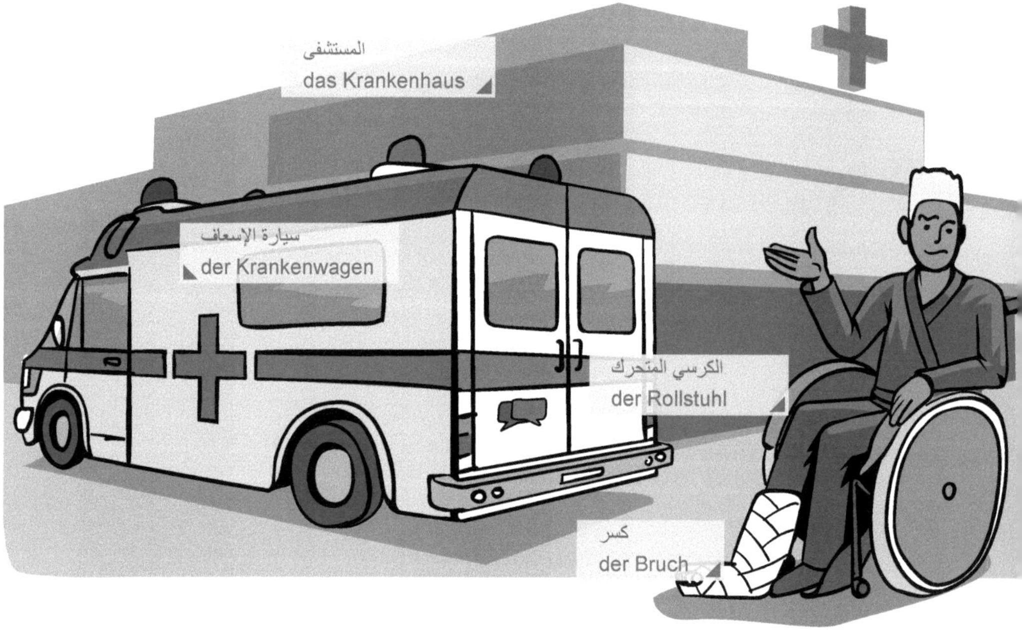

المستشفى
das Krankenhaus
سيارة الإسعاف
der Krankenwagen
الكرسي المتحرك
der Rollstuhl
كسر
der Bruch

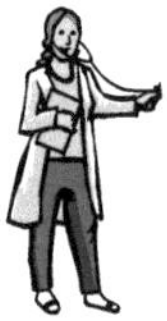
الطبيب
der Arzt

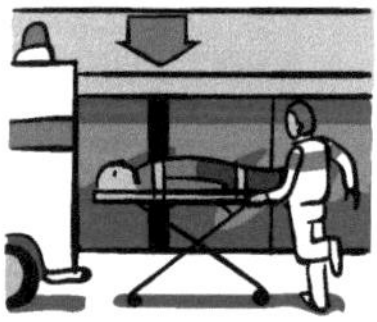
غرفة الإسعاف
die Notaufnahme

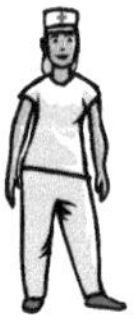
الممرضة
die Krankenschwester

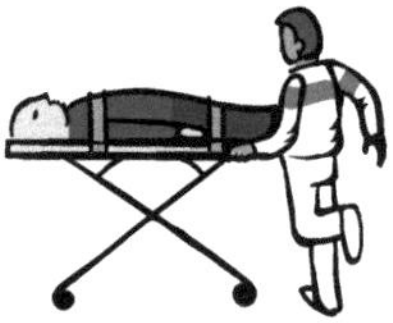
حالة
der Notfall

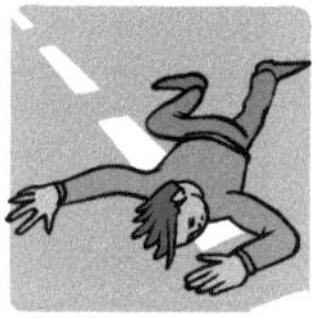
مغمى عليه
ohnmächtig

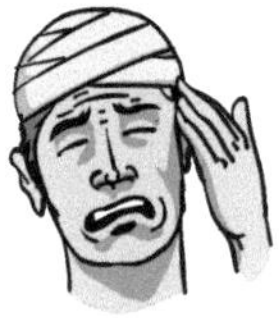
الألم
der Schmerz

إصابة

die Verletzung

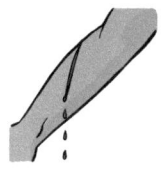

النزيف

die Blutung

احتشاء القلب

der Herzinfarkt

جلطة

der Schlaganfall

حسسية

die Allergie

السعال

der Husten

الحُمَّى

das Fieber

إنفلونزا

die Grippe

الإسهال

der Durchfall

وجع الرأس

die Kopfschmerzen

السرطان

der Krebs

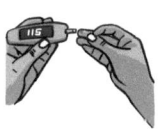

مرض السكر

die Diabetis

جرّاح

der Chirurg

مبضع

das Skalpell

عملية

die Operation

سيتي سكان

das CT

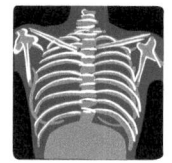

الأشعة السينية

das Röntgen

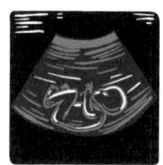

فوق الصوتي

das Ultraschall

القناع

die Maske

المرض

die Krankheit

غرفة الانتظار

das Wartezimmer

العُكاز

die Krücke

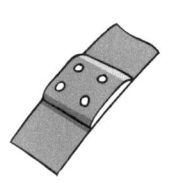

شريط لاصق

das Pflaster

ضماد

der Verband

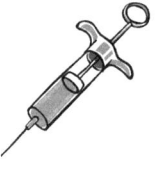

حقنة

die Injektion

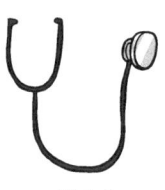

سمّاعة الطبيب

das Stethoskop

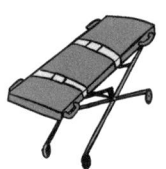

نقالة

die Trage

ميزان حرارة

das Thermometer

ولادة

die Geburt

وزن زائد

das Übergewicht

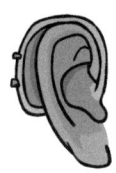

جهاز السمع

das Hörgerät

المواد المعقمة

das Desinfektionsmittel

عدوى

die Infektion

فيروس

das Virus

الإيدز

das HIV / AIDS

الطب

die Medizin

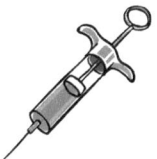

اللقاح

die Impfung

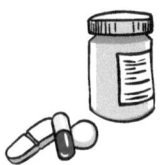

أقراص الدواء

die Tabletten

حبّة الدواء

die Pille

نداء النجدة

der Notruf

مقياس ضغط الدم

das Blutdruck-Messgerät

مريض / صحيح

krank / gesund

النجدة!

Hilfe!

إنذار

der Alarm

اعتداء

der Überfall

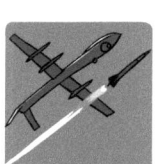

هجوم

der Angriff

خطر

die Gefahr

مخرج طوارئ

der Notausgang

حريق!

Feuer!

جهاز الإطفاء

der Feuerlöscher

حادث

der Unfall

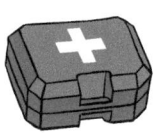

حقيبة الإسعاف الأولي

der Erste-Hilfe-Koffer

أنقذونا

SOS

الشرطة

die Polizei

أوروبا

das Europa

أمريكا الشمالية

das Nordamerika

أمريكا الجنوبية

das Südamerika

أفريقيا

das Afrika

آسيا

das Asien

أستراليا

das Australien

المحيط الأطلسي

der Atlantik

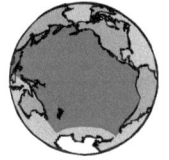

المحيط الهادي

der Pazifik

المحيط الهندي

der Indische Ozean

المحيط المتجمد الجنوبي

der Antarktische Ozean

المحيط المتجمد الشمالي

der Arktische Ozean

القطب الشمالي

der Nordpol

القطب الجنوبي
....
der Südpol

منطقة القطب الجنوبي
....
die Antarktis

أرض
....
die Erde

بر
....
das Land

بحر
....
das Meer

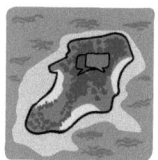

جزيرة
....
die Insel

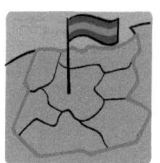

أمة
....
die Nation

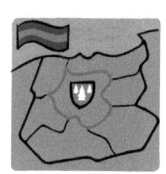

دولة
....
der Staat

ميناء الساعة

das Zifferblatt

عقرب الساعات

der Stundenzeiger

عقرب الدقائق

der Minutenzeiger

عقرب الثواني

der Sekundenzeiger

كم الساعة الآن؟

Wie spät ist es?

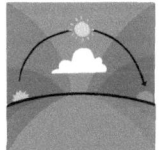

يوم

der Tag

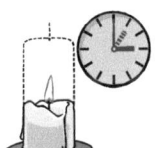

زمن

die Zeit

الآن

jetzt

ساعة رقمية

die Digitaluhr

دقيقة

die Minute

ساعة

die Stunde

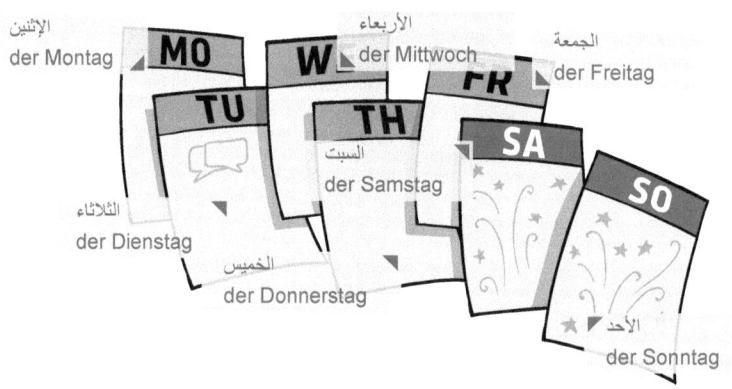

الإثنين
der Montag

الأربعاء
der Mittwoch

الجمعة
der Freitag

الثلاثاء
der Dienstag

الخميس
der Donnerstag

السبت
der Samstag

الأحد
der Sonntag

الأمس
gestern

اليوم
heute

غداً
morgen

الصباح
der Morgen

الظهر
der Mittag

المساء
der Abend

MO	TU	WE	TH	FR	SA	SU
1	2	3	4	5	6	7
8	9	10	11	12	13	14
15	16	17	18	19	20	21
22	23	24	25	26	27	28
29	30	31	1	2	3	4

أيام العمل
die Arbeitstage

MO	TU	WE	TH	FR	SA	SU
1	2	3	4	5	6	7
8	9	10	11	12	13	14
15	16	17	18	19	20	21
22	23	24	25	26	27	28
29	30	31	1	2	3	4

نهاية الأسبوع
das Wochenende

سنة
das Jahr

مطر
der Regen
قوس قزح
der Regenbogen
ثلج
der Schnee
ريح
der Wind
الربيع
der Frühling
الخريف
der Herbst
الصيف
der Sommer
الشتاء
der Winter

4.APRIL 11°
5.APRIL 4°
6.APRIL 13°
7.APRIL 8°
8.APRIL 10°

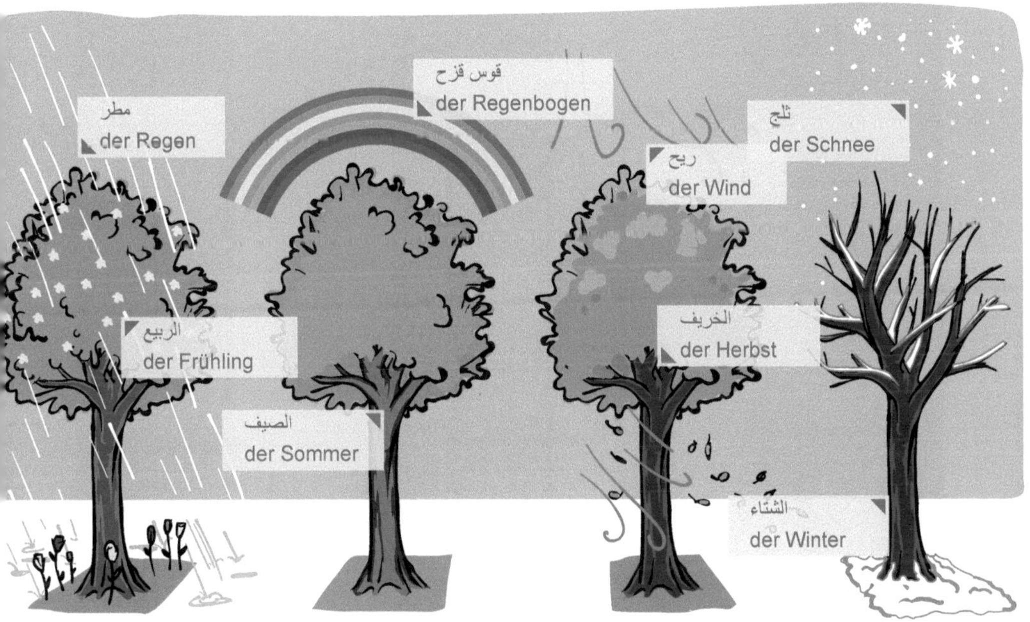

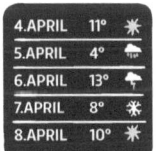

التنبّؤ بالحالة الجوية
....
die Wettervorhersage

F C
120 40
90 30
60 20
30 10
0 0
-30 -10
-20

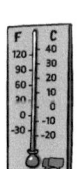

مقياس حرارة
....
das Thermometer

ضوء الشمس
....
der Sonnenschein

سحابة
....
die Wolke

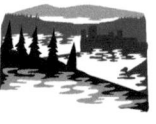

ضباب
....
der Nebel

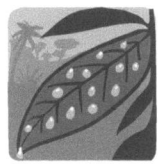

رطوبة الجو
....
die Luftfeuchtigkeit

برق
....
der Blitz

رعد
....
der Donner

عاصفة
....
der Sturm

بَرَد
....
der Hagel

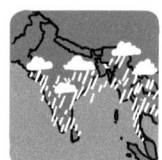

ريح موسمية
....
der Monsun

طوفان
....
die Flut

جليد
....
das Eis

كانون الثاني / يناير
....
der Januar

شباط / فبراير
....
der Februar

آذار / مارس
....
der März

نيسان / أبريل
....
der April

أيار / مايو
....
der Mai

حزيران / يونيو
....
der Juni

تموز / يوليو
....
der Juli

أب / أغسطس
....
der August

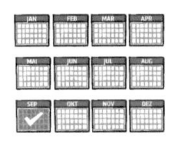

أيلول / سبتمبر

der September

تشرين الأول / أكتوبر

der Oktober

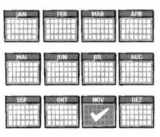

تشرين الثاني / نوفمبر

der November

كانون الأول / ديسمبر

der Dezember

أشكال

die Formen

دائرة

der Kreis

مربّع

das Quadrat

مستطيل

das Rechteck

مثلّث

das Dreieck

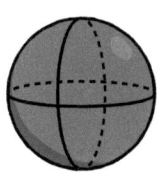

كرة

die Kugel

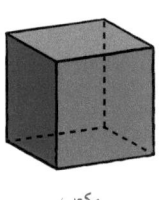

مكعب

der Würfel

أبيض

weiß

أصفر

gelb

برتقالى

orange

وردي

pink

أحمر

rot

بنفسجي

lila

أزرق

blau

أخضر

grün

بني

braun

رمادي

grau

أسود

schwarz

كثير / قليل

viel / wenig

غضبان / هادئ

wütend / friedlich

جميل / قبيح

hübsch / hässlich

بداية / نهاية

der Anfang / das Ende

كبير / صغير

groß / klein

فاتح / قاتم

hell / dunkel

أخ / أخت

der Bruder / die Schwester

نظيف / وسخ

sauber / schmutzig

كامل / ناقص

vollständig / unvollständig

نهار / ليل

der Tag / die Nacht

ميت / حيّ

tot / lebendig

عريض / ضيّق

breit / schmal

صالح للأكل / غير صالح

genießbar / ungenießbar

شرّير / لطيف

böse / freundlich

مثير / ممل

aufgeregt / gelangweilt

سمين / نحيف

dick / dünn

أولاً / أخيراً

zuerst / zuletzt

صديق / عدو

der Freund / der Feind

مليء / فارغ

voll / leer

صلب / ليّن

hart / weich

ثقيل / خفيف

schwer / leicht

جوع / عطش

der Hunger / der Durst

مريض / صحيح

krank / gesund

غير شرعي / شرعي

illegal / legal

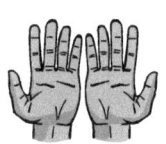

ذكي / غبي

intelligent / dumm

يسار / يمين

links / rechts

قريب / بعيد

nah / fern

جديد / مستعمل

neu / gebraucht

لا شيء / بعض الشيء

nichts / etwas

مسن / شاب

alt / jung

يشعل / يطفئ

an / aus

مفتوح / مغلق

offen / geschlossen

خافت / عال

leise / laut

غني / فقير

reich / arm

صح / خطأ

richtig / falsch

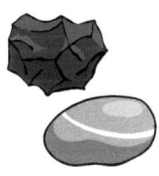

أحرش / املس

rau / glatt

حزين / سعيد

traurig / glücklich

قصير / طويل

kurz / lang

بطيء / سريع

langsam / schnell

مبلول / جاف

nass / trocken

ساخن / بارد

warm / kühl

حرب / سلم

der Krieg / der Frieden

die Zahlen

0

صفر

null

1

واحد

eins

2

اثنان

zwei

3

ثلاثة

drei

4

أربعة

vier

5

خمسة

fünf

6

ستة

sechs

7

سبعة

sieben

8

ثمانية

acht

9

تسعة

neun

10

عشرة

zehn

11

أحد عشر

elf

12
اثنا عشر
zwölf

13
ثلاثة عشر
dreizehn

14
أربعة عشر
vierzehn

15
خمسة عشر
fünfzehn

16
ستة عشر
sechzehn

17
سبعة عشر
siebzehn

18
ثمانية عشر
achtzehn

19
تسعة عشر
neunzehn

20
عشرون
zwanzig

100
مائة
hundert

1.000
ألف
tausend

1.000.000
مليون
million

الإنكليزية

Englisch

الإنكليزية الأمريكية

Amerikanisches Englisch

لغة ماندارين الصينية

Chinesisch Mandarin

الهندية

Hindi

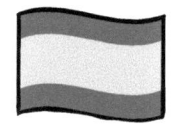

الإسبانية

Spanisch

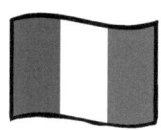

الفرنسية

Französisch

العربية

Arabisch

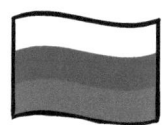

الروسية

Russisch

البرتغالية

Portugiesisch

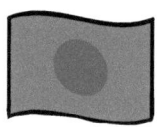

البنغالية

Bengalisch

الألمانية

Deutsch

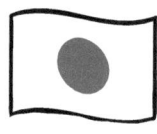

اليابانية

Japanisch

أنا
....
ich

أنتَ
....
du

هو / هي
....
er / sie / es

نحن
....
wir

أنتم
....
ihr

هم
....
sie

من؟
....
wer?

ماذا؟
....
was?

كيف؟
....
wie?

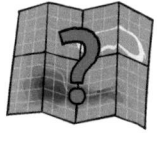

أين؟
....
wo?

متى؟
....
wann?

HELLO, I AM

اسم
....
Name

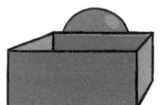

خلف
hinter

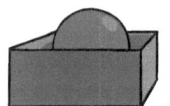

في
in

أمام
vor

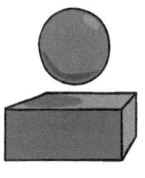

فوق
über

على
auf

تحت
unter

جنب
neben

بين
zwischen

مكان
der Ort